あなたはそのままで愛されている

渡辺和子
Kazuko Watanabe

PHP

私を支えてくれたみことば——まえがきにかえて

生涯の中で、何度も行き詰まったり、倒れそうになった時に、私を支えてくれたのは、「神は、その人の力に余る試練を与えない」という聖書のみことばでした。

それが天災であれ、人災であれ、神ならぬ身の人間は、必ず試練に遭遇します。信頼していた人から受けた誤解、裏切り、仕事の上での挫折、失敗、「こんな筈《はず》ではなかった」という思いを、皆さまも、ご自分の結婚、子育て、家庭、職場で、きっとお味わいのことと思います。

そのような時に、心のよりどころとして立ち直らせてくれるのが、神の私たち一人ひとりにくださっている、このお約束です。

「あなたの力に余る試練は与えない。試練には、それに耐える恵みと、逃《のが》れる道を備えてあげる」

このみことばを、愚かなまでに信じて生きましょう。道は必ず拓《ひら》けます。

ノートルダム清心学園の創立者マザー・ジュリーが絶えず口にされた言葉は、「神さまは善いお方です」でした。それは、私たちから試練を遠ざけてくださる神の〝善さ〟を表したものではなく、次々に襲ってくる試練を通して、私たちを強めてくださる神の〝善さ〟であり、試練の時にこそ、いっそう私たちの近くにいて、支えてくださる神の〝善さ〟を表す言葉だったのです。

愚かなまでに神の〝善さ〟を信頼し、心にみことばを、しっかり刻んで生きてまいりましょう。

あなたはそのままで愛されている

目次

第1章　苦しみをわがものに

第2章　そのままで愛されている

第3章　心に潤《うるお》いを

第4章　時間の使い方

第5章　美しさとは何か

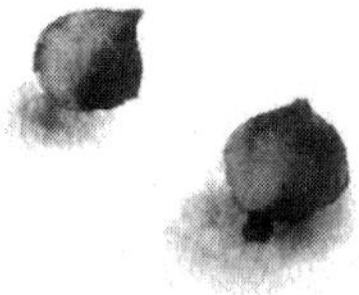

装丁……石間　淳
イラスト……山口みれい

第1章

苦しみをわがものに

試練

人生の冬が来たら

人生にも冬がある。これればかりは、暖房器具で暖めることができない寒さであり、辛さです。

人生の冬も、遠ざけようとしたりしないで、むしろ、すすんでその魂と生命にふれ、冬の間は冬を生ききったらいいのです。すると必ず、春が来ます。

小説家の宇野千代さんが面白いことを書いていらっしゃいました。

「私は、何かいやなこと、辛いことがあると、その中に自分から飛び込んで行って、それと一つになってしまうのです」

例えば、夫の北原武夫が急に「別れてくれ」と言い出した時、「ええ、いいわ」と言って、次の瞬間には、先に立って、別の女の許《もと》に走ってゆく北原のため荷造りを始めるのです。

そうすることによって、つまり、苦しいことと一体になることにより、苦しみに身をさいなませるのでなく、苦しみをわがものにしてしまうのだということでした。さりげない言葉の中に、この人の豊かな人生経験を見る思いがいたしました。

この世の中で、「変え得るものに対しては変える勇気を持ち、変え得ないものに対しては、受け入れる心の静けさを保ち、この両者を見分ける英知を絶えず祈り求めよ」とは、※ラインホールド・ニーバーの言葉ですが、冬が来たら冬をありがたくいただくこともまた、同じ心の表れといえましょう。

※ラインホールド・ニーバー……アメリカの神学者

辛さから逃げずに
その中に自ら飛び込んで
生ききってみる。

苦しみに身をさいなませるのではなく、
その苦しみをわがものにする勇気を。

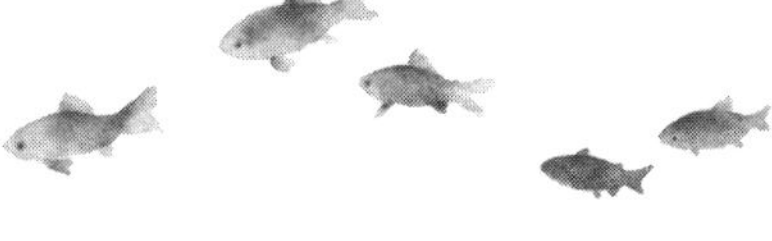

経験は宝

織物としての人生

最近なぜか私は「人生は思うままにならない」ということを、しきりに思うようになりました。今までも、そのことに気づかなかったわけではなく、その苦しさを味わわなかったわけでは決してありません。

しかしながら、それがしみじみと感じられ、しかも、そのことに逆らおうとする気持ちよりもむしろ、受け入れようと自分がしているということは、それだけ年を取ったということなのでしょうか。数年前に病気をしたことも、それと無関係ではありません。

父も胆石を患《わずら》ったそうです。検査してもはっきりわからないまま、一年間に十回近い発作があったことから、親譲りの体質かもしれないと思い、思い切って手術を受けました。手術は成功であったのに、それまでの過労も手伝ってか身体の具合が思わしくない日々が続きました。

生きるということが、かくも苦しいこととは知りませんでした。それは、山ほどの難関に立ち向かわねばならない苦しさでなく、立ち向かう自分の腑甲斐《ふがい》なさに、もだえる苦しさでした。

廊下ですれ違う学生たちにほほえむことのできない自分、教壇に立って、言うべき言葉が出て来ないで冷汗を流している自分、来客を前にしていつか眠りかけている自分――それまでの姿と異なる自分に戸惑い、苦しんだ月日でした。寝ても起きても「自分」のことしか考えられない苦しさだったのです。

ですから、吉村正一郎[※]とおっしゃる方が「がんも身の内」という新聞連載（『待秋日記』に収録）の中で、ご自分が癌におかされ、余命がいくばくもない時に書いていらした言葉が、しみじみ味わえたのも、この頃です。

もし自分がもう一度よくなったら
自分のことは考えない
他人のために生きる

人間にとって「幸せ」とは、自分のことを忘れられ、他人のために何かができ、他人に向かってほほえむことができることなのだと、それまで頭でわかり、口で説いたことを、身体で悟ったのでした。

※吉村正一郎……仏文学者、元帝塚山学園長

こんなことを日記に書いています。

「夜寝て、起きさえすれば、また新しい元気に溢れた一日がはじまるものだと考えていた頃がなつかしい」

寝ても疲れがとれない朝、起きること、生きることが苦痛としか思えない朝があって、苦しかった二年がすぎ、徐々に明るさと健康をとり戻した時、私ははじめて苦渋にみちた歳月もまた「たまもの」であったことに気づきました。

もしも今、あの苦しかった時期があってよかったかと尋ねられたら、ためらわずに、「よかった、あれがあったから今日の私がある」と答えられるように思います。

「人生は、刺しゅうを裏から眺めているようなもの」だと言います（フランスのカトリックの司祭、ピエール・テイヤール・ド・シャルダンの言葉）。

刺しゅうを裏から見ると、糸が交差し、もつれ合い、結び玉があり、混沌《こんとん》としています。しかし、表に一幅の絵が織りなされるために、その絵が色彩よく、精巧なものであるためには、それだけ、裏面は複雑でなければならないのです。美しい人生というのも、そんなものではないでしょうか。

送っている間は、少しも美しいとは思えず、むしろ、まどい、疑い、苦しむことの多いものでしかありません。しかし実は、それらがあってはじめてその人しか織りなせない、人生というユニークで美しい織物は織られるのです。

苦渋にみちた経験さえ、「たまもの」だったと気づく日が来る。

思うままにならない人生を受け入れる。
まどい、苦しむことの多いものであったとしても。

許しとは

私が許された日

許すということは、私にとって、たいそう難しいことでした。自分の友達の裏切り、日常生活の中のずるさ、同僚のミス等には我慢がならないことがありました。

そんな私が、大学卒業後、今の上智大学国際学部で働いていた時のことです。宣教師でもあった上司の外国人は、私に、仕事の合間を縫って、大学院に通うことを許してくれ、あまつさえ、卒論に苦しんでいる時には、親切に英語を直してくれたのでした。

その日も、親切に英語の間違いを直し、内容の貧弱さを指摘してくれたというのに、私はといえば、多くの修正を余儀なくされてプライドはズタズタにひきさかれ、感謝するどころか、不機嫌になり、今思い出しても顔があかくなるような態度をとっていたのです。

昼時になって、宣教師は昼食に修道院へと戻り、私は、すごくみじめな思いを抱いて、砂をかむような思いで自分の昼食を終えました。

(無償で、自分の時間をさいて教えてくださったのに、私の態度は何だったろう……)

もう教えないと言われても、私には弁解のしようもないのです。

ところが、昼食を終えて、再び戻って来た宣教師の顔は晴れやかで、

「続きをしましょう」

とにこやかに言ってくれました。

私は、その時に「許し」の本来の姿にふれたように思います。

許しを乞わねばならないのは私なのに、それに一言もふれず、親切を続けてくれる人に出会い、恩知らずと突きはなされてもかまわないのに、温かく受け入れられた、あの日の感激が今も私には鮮やかに残っていて、「許し」とはこういうものだと教えてくれているのです。

「許し」の本来の姿は人の過《あやま》ちを受け入れ、変わらず接すること。

許しを乞わねばならない相手から許された感激の中で、許すことの意味を知った。

経　験

不完全さとの出会い

「許し」とは居丈高《いたけだか》に相手に与えるものでも、「かわいそうに」と憐《あわれ》んで賦与《ふよ》するものでもなく、「歩み寄ること」です。

ちょうど、聖書の中で、放蕩《ほうとう》息子が戻って来るのを見て、父親が、走り寄っていったように。そして〝優等生〟だった兄が、やきもちをやき怒るほどに、無条件に許し、馳走をしてやる愚かさなのです。

人間というものは、許された経験があって、はじめて他人を許すことができるようになるものです。ちょうど、愛されて、愛することができるようになるように。

私には数多くの出会いがありました。それが「私らしさ」を作ってくれたのです。しかし、それは出会いが、自動的に私を直したのでも変えたのでもなく、その出会いをやはり、自分が受けとめたことによるのだと思います。

ということは、今までに、もしかしたら、もっともっと多くの「出会い」があったのだろうに、逃《のが》していたということでもあるでしょう。

でも、それでいいのです。人間は所詮、何もかも完璧《かんぺき》である筈がないのですから。

だからこそ、人にも完璧を求めるべきではなくて、他人の不完全さを通してさえも「自分らしさ」というものが形成されてゆくのでしょう。

「許し」とは相手に与えるものではなく愛をもって歩み寄ること。

不完全であるにもかかわらず無条件に許されたことのある人は、その経験から、他人を許すことができるようになる。

気づき

人生に無駄はない

卒業後まもなく膠原病《こうげん》と診断されて、入院を余儀なくされた一人の卒業生からの手紙の一部です。

「健康であるにこしたことはありませんが、病気になったことによって、また一つ別の世界の人と知り合うことができたと思えば、いやなことばかりではないと言えます。人生に無駄はないと思うことにしました」

この人は、入院当初、親を恨《うら》み、世を恨んでいたのでしたが、いつしかこのような文章を書いてよこすようになりました。この人から苦しみが去ったわけではありません。

ただ、逃れようのない苦しみに「意味」を見出すことによって人生を無駄にすまいと決心したのです。吸い込んでしまった不幸を、そのまま吐き出さないことを自分に約束したのでしょう。病気の前に手も足も出ない人間でなく、病気を支配する側に立つことができたのです。

一生の間、健康であり、幸せでありたいと願うのは世の常です。しかしながら、人生には、思いがけない「穴」がポッカリあくことがあります。その時、穴の存在を嘆き悲しみ、恨むだけに終わるのでなく、または穴をふさぐことしか考えないのでなく、その穴がなかったら見えなかったものを見ようとして、はじめて穴には「意味」ができてくるのです。

穴があいたが故に見えるということは、それだけ人生が豊かになったということにもなります。

逃れることができない「苦しみ」にも意味は見出せる。

穴があいたが故に見えることもある。それは、その分だけ人生が豊かになったということ。

バランス

平常心を保って生きる

「シスターの心にも波風が立つ日がおありですか。いつも笑顔ですけれども」

一人の大学生の質問に、私は答えました。

「ありますよ。他人の言葉や態度に傷ついたり、難しい問題にぶつかって悩んだりする時に、平常心を失うことがあります。ただ、自分の動揺で、他人の生活まで暗くしてはいけないと、自分に言いきかせ、心の内部で処理する努力をしているだけなのですよ」

私は、母から受けた教育をありがたいと思っています。小さなことでクヨクヨしていた私に、母は申しました。

「人間の大きさは、その人の心を乱す事柄の大きさなのだよ」

この言葉が、折あるごとによみがえり、私に事柄の大きさを考え、つまらないことに自分の時間とエネルギーを費やしてはもったいないと思う習慣をつけてくれました。平常心に立ち戻ることを可能にする一つの秘訣《ひけつ》です。


母は結婚のため、愛知県の小さな町から東京へ出て来ての生活の中で、父の地位にふさわしい教養を身につけるまでには、辛いことも多かったようです。その母が、自分の経験から子どもたちに伝えた言葉には、説得力がありました。

「人は皆、自分が一番かわいいのだから、甘えてはいけない」

期待しすぎるから、期待はずれの時に腹が立ち、平常心を失うのです。

期待してはいけないというのではありません。ただ、自分も他人も、弱い人間であることを心に留《と》めて、「許す心」を忘れないでいるようにという戒《いまし》めでした。

醒《さ》めた目で問題の大きさを見極め、温かい心で人間の弱さを包むこと。このような「目と心」のバランスが、平常心に立ち戻り、それを保ちながら生きる私の毎日を、助けてくれています。

醒めた目と
温かい心があれば
平常心でいられる。

自分も他人も弱い人間だからこそ、
「許す心」を忘れないようにしよう。

第2章

そのままで愛されている

内在する価値

その人なりの「きらめき」がある

まだ二十代の初めでした。戦後の生活は経済的に苦しく、私は大学に通いながら、アメリカ人対象の夜学の事務所で、アルバイトとして働いていました。

そんなある日のこと、職場の上司でもあったアメリカ人の神父に、「あなたは宝石のような人だ」と、英語で言われたのです。一瞬、耳を疑った私は、それでも、とても幸せになりました。

自分を「石ころ」と思い込んでいた私は、その日から宝石になる努力を始めました。

もちろん、その当時の私には、目に見える宝石のきらめきなど、ありませんでした。衣服も粗末なら、化粧することも知らず、英語力も貧しい私でした。そんな私の中に、この神父が見てくださった「きらめき」は、ほかでもない、「わたしの目に、あなたは貴《たっと》い」という神のみことばに基づく、人間本来の価値だったに違いありません。

目には見えなくても、人間の中に必ず潜んでいる、その人固有の「きらめき」。この内在する価値を信じ、はげましてくださった上司のもとで、その後働いた七年の間に、私は自分の、そして自分しか持っていない「きらめき」に、自信を持つことができるようになりました。

私は自分を「石ころ」とさげすむ癖《くせ》を、いつの間にか克服していたのです。

その日から五十年余り経ちました。その間、私は大学で働き、一万人以上の女子学生と関わってきました。

学生たちに私が伝えたかったのは、一人ひとりは、そのままで、すでに神に愛されている「宝石」だということ。

そして、その人なりの「きらめき」を秘めている自分に自信を持ちなさい、ということでした。

あなたはそのままで、すでに愛されている。

神の目には、一人ひとり誰もが貴い存在。
その人なりの「きらめき」を信じて生きよう。

愛と怒り

嫉妬《しっと》の苦しさ

私は嫉妬深かったのです。今でもそうなのかもしれません。自分が愛され、または好意を持たれているかということに人一倍敏感なのでした。

森本哲郎氏が『ことばへの旅』の中で、嫉妬とは、愛の権利を侵害された愛の所有者の怒りであり、また愛の想像力であると述べています。つまり、自分の愛の体験を別の人間に移して想像し、その想像で我が身をさいなむ、拷問《ごうもん》のもっともすぐれたものだというのです。

英語で嫉妬はジェラシーですが、また、グリーン・アイズ（緑色の目）を持

っているという表現も使います。これはシェイクスピアの『オセロー』の中に、

おそろしいのは嫉妬です。
そいつは緑色の目をした怪獣です。
こいつと来たら、人の心をさんざん食いものにし、
苦しめ、もてあそぶんですからね。

とある、イアーゴーの言葉に基づくものですが、嫉妬とは、ほんとうに苦しいものです。

修道院に入る前、職場で働いていた時、私には好きな人がいました。私の安定感はその人に認められ、特別に目をかけてもらうことにあったように思います。事実、そうされていたにもかかわらず、自信のない私は、その人がオフィ

スの他の女性たちにどのように話しかけ、振る舞っているかが絶えず気になってしかたありませんでした。

その人が同僚の女性と親しげに語らっていたり、楽しげに談笑したりする様が、そのまま、私の地位を揺るがすようでいやだったのです。

ある日、タイピストが腕に怪我をしたことがありました。その朝も、出勤した私がオフィスのドアを開けると、その人がタイピストの腕をとり、ゆるみかけた包帯を巻き直しているではありませんか。私は咄嗟《とっさ》に身をひるがえしてドアを閉め、しばらく戸外を悶々《もんもん》として歩きまわったことがありました。

淋《さび》しかったのです。その人が他の女性に優しくしていることもさることながら、そんな態度にしか出られない自分が情けなかったのです。人間には、頭でわかっていても、心がついていかない苦しみが何と多くあることでしょう。

済まない気持ちで職場に戻った時、その人は何事もなかったように優しく、温かく迎えてくれました。私はその包むような大きな愛に、その人が信じていた神の愛の片鱗《へんりん》を垣間見た思いがして、自分の小ささを恥じたものです。

嫉妬というものが、何も生み出さない空《むな》しい想像力の働きであること、それはその人を醜くこそすれ、決して美しくするものではないことをしみじみ悟った一つの機会でした。

そしてこうも思いました。もしあの時、怪我をした人に全然関心や思いやりを示さない人だったとしたら、果たして私が尊敬するにふさわしい人だったのかどうかと。たしかに私の気持ちが求めていたのは、私だけを見つめ、私だけを関心事としてくれることでした。

愛というものが、一つの対象との関係ではなくて、その人の全人格と、世界との関わりであることに気づくためには、このような苦しくもにがい経験を、その後もいくつか経なければならなかったのです。

頭ではわかっていても、心がついていかない苦しみがある。

にがい経験をいくつか経ることで、自分の小ささに気づき、人は成長していく。

心の懸け橋

愛とは信じること

「私だけを見つめていてほしい。私から目をそらさないでほしい」という願いは、愛し愛されている時に誰しもがまず持つ願いでしょう。しかしながら、いつまでもこの状態で停止していてはいけないのです。

なぜならそれは、相手を縛ることであり、真の愛は、相手をより自由にこそすれ、拘束するものであってはならないからです。

神谷美恵子氏※が、「愛するとは、互いにかけがえのないものとして相手をいとおしむ心、相手の生命を、そのもっとも本来的な使命に向かって伸ばそうとする心」と言っていますが、相手が自分本来の姿になるべく成長してゆくことを許容するということは、すでに相手との間に必然的に生まれた距離、間隔を認め、一抹の淋しさを覚えながら、それに耐える愛の姿なのです。

かくて、愛には、距離を埋める懸け橋となる「信頼」が必要となってきます。

「私」以外のものを見つめていることに嫉妬することなく、その人の世界の広がりをともに喜ぶことができるためには、信じるという英雄的行為が必要となってくるのです。

信頼のない愛は永続きすることができません。愛は信じ合っている時、美しいのです。

※神谷美恵子……精神科医、エッセイスト

愛する時
もっともたいせつなのは、
信じるということ。

愛する人が成長して世界を広げてゆくことをともに喜べる人に。
距離ができて淋しくても、自由を奪ってはいけない。

人の世への信頼

母の愛が育むもの

十八歳の時、母の大反対を押し切ってキリスト教の洗礼を受けましたが、それだけに、母は当分の間、日曜日のミサに行くことを許してくれませんでした。

二年も経った頃でしょうか。ある日曜日の朝、母がいつの間にかサンドイッチをつくってくれていて、「これを持ってミサに行きなさい」と言ってくれた時の嬉しさは、今でも忘れることはできません。

この母も死ぬ前に洗礼を受けましたが、もしかすると神さまが、この日の母の弁当のことを、忘れずにいてくださったのではないかしら、と思う時があります。

母は本当に子どもたちのために生きた人でした。学歴とてもない母、それも年をとってから三人の子どもを産んだ母はよく「すまないねえ、勉強も見てあげられなくて」と言っていました。「あなたたちは、自分で努力して一人前にならなければ、私には助けてあげる力はないから」という母の言葉には、父が生きてさえいたら、という口惜しさもこめられていたように思います。でも私は、自分の母以上に良い母はいないと思いながら育ちました。

きびしくても愛情がある時、子どもの心はそのたいせつな部分を見抜きます。今の親たちは、物わかりのいい親になろうとしたり、子どもの機嫌をとったり、物質を与えることで親の役目を果たしていると勘違いしているようです。

どんなに便利な世の中になっても、すべてが自分の思うままになる人生は決してあり得ないでしょう。失意の自分をはげまし、人生を力強く歩むことのできる人は、幼時に母親の愛情を豊かに受けて、人の世にも基本的な信頼を置くことを習った人です。

裏切ることのない母、裏も表も、右から見ても左から見ても変わることのない母、子どもの幸せのために犠牲をいとわない母親を持つ人は幸せです。

愛されて育った人は、困難を乗り越え、人生を力強く歩むことができる。

子どもの幸せのために犠牲をいとわない母の愛ほどありがたく幸せなものはない。

前向き

運命ではなく摂理として受けとめる

「運命は冷たいけれども、摂理は温かい」――私が五十歳で心に風邪を引いた時に、一人のカトリックのお医者さまが、私にくださったお言葉です。

思いがけないことが身にふりかかった時に、それを〝運命〟と受けとめてもいいし、〝摂理〟と受けとめることもできるのだということを、私はこのようにして教えられました。

どちらで受けとめるかは本人の自由です。いずれにしても、起きたことに変わりはありませんが、何かが違っているみたいです。

何が違うかといえば、「私」です。「私は運が悪い」「周囲が悪かった」「仕方がない、運命だから」と諦める「私」にもなれれば、他方、「このことの中には、私へのメッセージがあるに違いない」と受けとめる「私」にもなることができるのです。

後者の受けとめ方は、私たちを愛し、私たちの力に余る試練を決してお与えにならない善き神を信頼し、すべてを摂理として受けとめる「私」の態度なのです。

聖書の中にヨハネ福音書があります。その九章を開いてみてください。キリストと、一人の生まれながらに目の不自由な男との話が書かれています。

弟子たちが尋ねます。「先生、この人の目が生まれつき見えないのは、誰の罪のせいですか。本人ですか。それとも親のせいですか」。

キリストは答えます。「どちらの罪のせいでもない。この人において、神のみわざがあらわれるためである」――そう言ってから、その人の目に触れて、見えるようにしておやりになったのでした。

弟子たちが「なぜ、こうなったのですか」と尋ねたのに対し、キリストの答えは、「何のために、こうなっているのか」でした。

摂理として物事をとらえるというのは、この場合、罪の結果として負わねばならぬ運命ではなくて、一つの意味を持っていることに思いを致す姿勢といってもよいでしょう。

「なぜ」と、原因を究明することも、もちろんたいせつであり、そこから学ぶことも多くあります。しかし、現在を引き起こした過去にこだわるよりも、その事象、経験は、私に何を教えようとしているのかと考えることにより、私たちは、より前向きに生きてゆくことができるのではないでしょうか。この世に無駄なものは一つもないのです。無駄にしてはもったいないのです。

諦めるか
受けとめるか
決めるのは自分。

人生で起こることは、すべて意味を持っている。
それが何を教えようとしているのかを考えてみる。

神さまの
贈り物

両手で有り難くいただく

人類史上、はじめて八千メートル以上の山、アンナプルナの登頂に成功したモーリス・エルゾーグは、その代償として凍傷のため指を失いました。祝賀会の席上、指のない手にグラスを持つエルゾーグに、人々は称賛と同時に同情の言葉をかけました。

それに対しエルゾーグは、にこやかに答えたそうです。

「人々は、失ったものに目を向けがちですが、私は、得たものに目を向けて生きてゆきます」

この年になって、つい失ったものに目を向けがちな私に、エルゾーグの言葉は、「得たものに目を向けて生きなさい」と教えてくれます。

失ったもの――若さ、体力、その他もろもろの機能。しかし、得たものも、何と多いことでしょう。もちろん、その筆頭は、卒業生たちです。そして様々な経験と数え切れないほど多くの有り難い出会い。

ある方が私に、「人のいのちも、ものも、両手でいただきなさい」と教えてくださいました。卒業証書は、お一人お一人に両手でお渡しし、両手でお受け取りになりますね。でも、生きていく上には、受け取りたくないもの、突き返したいものさえあります。

そういうものも、運命として諦めてではなく、摂理として両手でいただきましょう。きっと「何かのために」神さまが備えてくださったのですから。

失ったものより得たものに目を向けて生きる。

受け取りたくないもの、突き返したくなるものも、神さまからの贈り物として両手で受け取ろう。

第3章

心に潤《うるお》いを

素直になる

叱られたら「ありがとう」

私は学生に、「どなたからであっても叱られた時には、まず必ずありがとうございます、と言うように」と話しています。

そして、もし反論があるなら、それを言った後にしなさいと。これは、素直になる心がまえをしてから、ものを言いなさいということです。

「ありがとうございます（私みたいな者に注意をしてくださって、ありがとうございます）」

放っておいてもかまわないわけですから、愛情があるからこそ叱ってくれたのだと思うわけです。ほんとうに愛情があったかどうか、わからないかもしれませんが、そこで「ありがとうございます」と言われたら、叱った人、怒った人もちょっと考えるでしょう。するとお互いに少しずつ、素直になることができるのではないでしょうか。

自分と闘うことなくしては、私は、素直になれないと思っています。みんな自分と同じように考えると思うから腹が立ってくるのです。もし、自分に対して注意をしたり、腹を立てたりしている方がおありになれば、どこが悪かったのかと謙虚に反省する。

そのためには、怒りや苛立《いらだ》ちといった自分の感情を抑える。このように自分と闘わなければ、素直にはなれないと思うのです。

素直であるためには、自分と闘わなければならないこともある。

叱られた時には、感情的にならずに、まず「ありがとうございます」と応じられる人になろう。

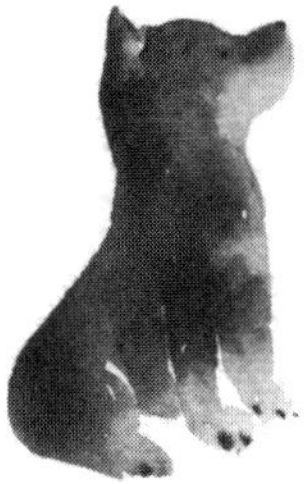

愛をこめて

渇いた心に潤いを

マザー・テレサの修道会の仕事の一つに、貧しい人たちへの炊き出しがあります。日本なら、さしずめ、おにぎりとお味噌汁、外国ならパンとスープを、列を作って並んでいる空腹を抱えた人たちに渡す仕事です。

夕方、仕事を終えて修道院に戻って来るシスターたちをねぎらいながら、マザーは尋ねます。

「スープボウルを渡す時に、ほほえみかけ、言葉がけするのを忘れなかったでしょうね。手にふれて、ぬくもりを伝えましたか」

この問いかけは、仕事はただすればよいのではなく、その仕事には愛が伴っていなければいけないということへの忠告でした。

マザーの次の言葉も、それを裏書きしています。

「私たちの仕事は、福祉事業ではありません。私たちにとってたいせつなのは、群衆ではなく、一人ひとりの魂なのです」

朝から何も食べていない一人ひとりは、同時に、朝から誰からも「人間扱い」されていなかった人たちだったのです。仕事はロボットでもします。シスターたちよりも、むしろ効率的に手早く仕事をするかもしれません。

しかし、ロボットにできないこと、それは、スープボウルを受け取る一人ひとりの魂と向き合い、その魂に潤いを与え、生きていていいのだという確信を与えることでした。

シスターたちのほほえみ、言葉がけ、ぬくもりは、相手がその日受けた、唯一の人間らしい扱いとなったことでしょう。

字のごとく、忙しさは人々の心を亡《ほろ》ぼし、慌《あわ》ただしさは心を荒らす可能性を持っています。ギスギスした社会、イライラした人の心は、渇き切っていて、潤いを求めています。私たちも日々の小さなことに愛をこめることによって、お互いの間に潤いをもたらしたいものです。

忙しさは
心を亡ぼし、
慌ただしさは
心を荒らす。

一人ひとりに向き合い、
その孤独な魂に、ほほえみと言葉がけで愛を伝えよう。

塞翁《さいおう》が馬

災いと幸せ

私と、旧約聖書の中のヨブとの出逢いは、大学在学中でした。ある日のこと、大きな祝日で、学生は一人ひとり聖句を記したカードをいただいたのです。たまたま与えられたカードには、次のように記されていました。

私は裸で母の胎を出た
また裸でかしこに帰ろう
主が与え、主が取られたのだ

主のみ名はほむべきかな　（ヨブ記1の21）

これはいうまでもなく、ヨブが財産、家族等すべてを失い、健康さえもおかされた中で口にした言葉です。

終戦後間もない当時の混乱は、私たち旧軍人の家族から、扶助料の支給を奪い、働き手を奪い、なにがしかの貯《たくわ》えを奪い、僅《わず》かばかりの名誉をも奪ってしまっていました。

神も仏もあるものかとまではいかずとも、幾分それに似た気持ちで生活していた矢先、ヨブの言葉に私は一つの衝撃にも似たものを与えられたのでした。

家に帰ってひもといたヨブ記の中には、更に、彼が泣き言を言う妻に語った言葉として、「われわれは、神から幸を受けるのだから、災いをも受けるべきではないか」というくだりがあって、ああ、こういう物の考え方もあるのかと感心したものでした。

日本にも昔から「苦あれば楽あり」とか、「禍福《かふく》はあざなえる縄のごとし」「人間万事、塞翁が馬」といった諺《ことわざ》があって、善いこともあれば悪いこともある、めでたいことも手放しでよろこんではいけない、苦しいこともいつまでも続くわけではないといったことを、母から聞かされ、自分でも何となく感じ、わかっているような気になっていました。

ヨブの言葉の新鮮さは、人間側が、この世の定めとして、なかば諦めにも似た気持ちで甘受していることの背景には、実は、立派な筋道とでも言ったら良いようなものが通っているのだということを指摘していることにあったように思います。

苦しみも、目的がはっきりしていたり、自分に納得がゆく時には比較的、耐えやすくなるものです。

苦しみも、
目的がわかれば
耐えやすくなる。

何となくわかっているのと、納得がいっているのとでは、
その受けとめ方も生き方も変わってくる。

存在の肯定

本当のよろこびとは

ヨブは言いました。「人生は戦いだ」と。

この戦いを勇気づけ、苦しみの中からのみ生まれる深いよろこびへと人の成長を助けるものは、相互の思いやりであり、愛です。

打ちひしがれている時にかけてもらった温かい一言、心がどうしようもなく重い日に出逢ったやさしいまなざしに、どれほど人は慰められ、はげまされて生きる勇気を得ることでしょう。それは、皆が声を弾ませて「おめでとう」と祝ってくれた時とは異なるよろこびの一瞬です。

そのほほえみ、そのまなざしには、実は、「あなたが生きていること自体、めでたいことなのですよ」という、力強いメッセージがこめられていて、それが、ほほえまれた者、見つめられた者の心をよろこばせるのです。

インドのカルカッタで働いたマザー・テレサに、ノーベル平和賞が贈られました。それは、彼女が天然痘《てんねんとう》でもハンセン病でもない一つの病気――自分はこの世にいてもいなくてもいいと考える「孤独」という病気と戦い続けた業績に対して与えられたものでした。

生まれてからというもの、一度も自分の存在を「めでたい」と認めてもらえなかった人々が、マザーの手の中で「ありがとう」と言って息をひきとったのです。この短い感謝の言葉に表されるよろこびこそが、実は私たちの最も根源的な心の渇きに応えるよろこびなのではないでしょうか。

人生には苦しいことも多いから、
思いやりや愛の心が
お互いに必要。

温かい一言、ほほえみ、やさしいまなざしは、
心疲れた人をよろこばせるメッセージになる。

充足感

静かなよろこび

よろこびは、単に与えられて私たちの人生に存在し始めるものではありません。すでに存在する素材を見つめ直すことによって、または違った角度と視点から見ることによって創り出されるものなのです。

人間の力だけで死にもの狂いに生きて来た自分が、「ああ、そうだ。神さまがいらして守っていてくださる」と気づいた時、心にほのぼのとした安心感が湧いて来ます。それまで自分中心に生きて来たのが、他人の幸せを先にする生き方になれた時、心は充《み》たされるのです。

よろこびはまた、自分の生活を他の誰によっても、何によっても不幸にさせず、同時にまた自分の苦しみで、他人まで悩まさないという決意と約束が守り抜けた時、しみじみと味わうものなのです。

よろこびは静かなものだと思います。楽しいこと一杯、嬉しいこと一杯の時もあるでしょう。その時には素直によろこんだらいい。そのようなよろこびとはまた異なるよろこびがあることを学びたいのです。静かなよろこび――それは自分の心の中で、パン種のように静かに、音もなく発酵するもの。しかし、やがてパンとなって、周囲の人々の心を充たすものなのです。

たった一人、自分の苦しみと、努力と、戦いを知り抜いてくださる方との間に秘密を持って生きる時、その方の愛に支えられ、模範に強められて生きる時、私たちの人生は、不思議なよろこびに充たされるのでしょう。

しみじみと味わう「静かなよろこび」というものがある。

自分中心だった人が、他人の幸せを先にする生き方ができた時、心によろこびが充ちてくる。

第4章
時間の使い方

人間らしさ

たいせつなものは何か

岩波少年少女の本に、『モモ――時間どろぼうと、ぬすまれた時間を人間にとりかえしてくれた女の子のふしぎな物語』（ミヒャエル・エンデ作・大島かおり訳）というのがおさめられています。

ある村のはずれに一つの廃墟《はいきょ》があり、その中の半ばこわれかかった建物に、ある日、みすぼらしい一人の少女がどこからともなく来て住みつきました。その名はモモといいました。

村人たちの生活は、モモが来てからというもの見違えるほど明るくなりました。なぜならモモは、相手の話を聞くことがたいそう上手で、訪れる村人たちの悩み、愚痴《ぐち》などを時間を惜しまず聞いてやり、また子どもたちとも遊んでやったからです。

ところが、その町に灰色の装《よそお》いをした「時間どろぼう」の一味が現れ、村人の一人ひとりに時間を節約して、余った時間を「時間貯蓄銀行」に預けるようにとすすめ始めたのです。

村は一変しました。今まで世間話をしながら、たっぷり一時間かけて、ていねいにお客の髪を刈っていた理髪屋のおやじは、むっつり押し黙って、二十分で仕上げてしまうようになりました。残りの時間はもちろん銀行に預けるのです。村人のいこいの場であった居酒屋の主人は、いかに客の回転を速くして稼ぐかということしか考えなくなりました。靴屋にしても、洋服屋にしても、皆「忙しい人」になってしまいました。

子どもたちの世話をする時間も節約しようとして、親たちは、もうけた金で高価な玩具をあてがうようになりました。はじめはそれに飛びついていた子どもたちも、次から次へと新しいおもちゃを求める頃には、その眼からは生気が消え失せ、空想を働かせて遊ぶ力はなくなって、ひまを持てあますようになりました。

モモのところには、もう誰も話をしにやって来ません。それは「時間の浪費」だからです。村人たちは、しこたま時間を貯《た》めこんで、分厚い「預時通帳」を持つことにはなりましたが、その顔つきは険しくなり、動作に落ちつきがなくなり、村には喧嘩《けんか》が絶えなくなりました。

これではいけないと、モモは時間どろぼうと一戦を交え、「時間貯蓄銀行」の厚い鉄の扉をこわして、中に閉じこめられていた時間を再び村人にとり戻してやりました。村には笑顔と平和が戻って来ました。

著者、ミヒャエル・エンデはこの本の中で、「時間は、ほんとうの持ち主から切りはなされると、文字通り死んでしまうのだ。人間というのは、一人ひとり自分の時間を持っている。この時間は、本当に自分の時間である間だけ、生きた時間でいられるのだ」と言っています。

私たちも、あるいは知らず知らずのうちに、この灰色の時間どろぼうたちの手先に踊らされているのかもしれません。

自然を見つめたり、自然と親しんだりする時間もなく、他人の話に耳を傾ける時間を惜しみ、「時間節約」の合言葉のもとに、いつしか「人間らしさ」を失いかけているのではないでしょうか。

たとえ時間を節約しても
心をなくしては
意味がない。

時間はお金のように貯めることができない。
だからこそ、どう使うかが大事。

忙中閑《ぼうちゅうかん》あり

時間とは不思議なもの

星の王子さまが地球に来て言っています。

「みんなは、特急列車に乗りこむけど、いまではもう、なにをさがしてるのか、わからなくなってる。だからみんなは、そわそわしたり、どうどうめぐりなんかしてるんだよ……」

（『星の王子さま』サン＝テグジュペリ作・内藤濯訳）

新幹線が日本の津々浦々を走り、家庭にもオフィスにも学校にも、時間を倹約するための各種の便利用品が溢れている時に、私たちは、それだけひまになったかというと、むしろその反対です。

そわそわしたり、どうどうめぐりをしているのです。そして、その理由は、「何を探しているのかわからなくなっている」からに他なりません。時間がいくらたくさんあっても、それを使う人間に「目的」がなかったら、その時間は、退屈の対象とはなっても、生命に溢れたものではなくなってしまいます。「充実した一日だった」と思える日が果たして一年のうち、何日あったことでしょう。忙しい日だったということは言えても、そして、どんなことをした日が充実したと言えるのだろうと思い返しても、何をしたということでの答えは出て来ないのです。

千人もの人を前に講演した日が必ずしも充実していなかったし、じゃが芋の皮をむいたりして台所に立っていた日の夕方、何ともいえず、充たされた思いをしたこともあります。

三つも四つもの会議があった日が、必ずしも価値があった日とは思えず、聖堂ですごした一日を本当にありがたいと思うことがあるものです。

読みたい本を読めた日が必ずしも幸せな日ではなく、読みたい本を横目に見ながら、「いつか読む日が来るだろう」と希望しながら、その日なすべきことをしていた日に充実感を覚えるのです。

時間とは不思議なものです。同じ時間でも、長く思える時と、短く思える時があります。どちらが幸せかといえば、短く思える時、忙しい時なのかもしれません。忙中閑あり、といった心境を絶えず持ちたいものです。

心が時間をただ「忙しい」と感じとっていてはいけません。私の時間、一生を刻みつつある時間、人格的足跡をつける時間として一刻一刻をいとおしみたいものです。

どんなことをしたか、
よりも
心が充たされていたか。

それを使う人間に「目的」がなかったら、
時間は意味あるものにはならない。

主体的に生きる

心が時間を感じとる

分刻みの忙しい生活を送っていると、一日でもいい、自分の時間がほしいと思うことがあります。その日には掃除も念入りにしたいし、洗濯も、部屋の中の整理も、そして何より、本が読みたいと思うのです。

ところが、いざ、ひまができると、何となく落ちつきません。本を読んでいても、何か他にもっとするべきことがあるような気になってしまうのです。これは、管理職をして来たことで失った集中力のなせるわざでしょうか。

人間の幸せは、時間と大きくかかわっています。時間が足りないがゆえの不幸もあれば、時間を持てあまして感じる不幸もあります。しかし、時間そのものは公平に、平等に時を刻む無機的なものでしかなく、それを密度の濃いものにするのも希薄なものにするのも、一《いっ》にかかって人間にあるのです。

会社の仕事に忙殺され、週末のゴルフをこよなく愛し、日曜日の午後、心を残しながらゴルフ場を後にしていた人が、定年を迎え、いざ存分にゴルフをする時間ができた途端に、ゴルフが楽しくなくなってしまったというような話をよく聞きます。

日がな一日ゴルフをすることが必ずしも、この人の幸せだったのではなくて、忙しさの中で寸暇をさいてゴルフをする時の緊張感、「ああ、もう少しゆっくりしたい」という思いを抱く切なさに、充実感を得ていたのではないでしょうか。

学生たちにしてもそうです。朝八時半の授業に間に合うように起きないといけない時は、幸せはもっと寝ていることにあると思いながら、いざ卒業して、職もなく、一日中家にいて何時まで寝ていても一向に差し支えがないようになったら、それで幸せかというと、必ずしもそうではないでしょう。

ミヒャエル・エンデが書いた『モモ』の中に、こんな言葉があります。

「人間は、自分の時間をどうするか自分で決めないといけない。時計というのは、人間一人ひとりの胸の中にあるものを、きわめて不完全ながら、まねてかたどったものなのだ。光を見るのに目があり、音を聞くために耳があるように、時間を感じとるために心がある。もしその心が時間を感じとらないような時は、その時間はないも同じだ」

時間というものは、だから、絶えず私たちが追いかけられていたり、縛られていたり、ふりまわされていたりするものでは本来なくて、もっと、人間が主体性をもって使ってゆかないといけないものなのです。

時間は誰にでも平等。どう使うかは、自分しだい。

時間に追われたり、ふりまわされたりすることなく、
主体性をもって使うこと。

各駅停車

時間をかけることの効用

岡山から新幹線に乗りました。発車と同時にアナウンスがあって、京都と名古屋の間は雪のため徐行運転するから、東京着は予定通りにはゆかないと告げています。

岡山では絶対といっていいほど見られない吹雪《ふぶき》、民家の屋根に重たそうに載っている雪、樹々の化粧した様子を思いがけない雪見と楽しんでいると、ふと見なれない駅が目に入りました。

「あっ、こんなところにも駅がある」

ふだんなら見落としている小さな駅を見ながら、一つの話を思い出しました。

「知的障害のある子どもたちを旅行に連れて行こうとした時のことだったけれども」と前置きして、施設に勤めるその人は、こんな話をしてくれました。

めったにさせられない旅行でもあるし、一度特急に乗せてやりたいと思ったところが、予算その他の都合で、結局は各駅停車、いわゆる鈍行《どんこう》でしか行けなくなったそうです。かわいそうにと思いながら子どもたちに発表すると、一人の子どもが嬉しそうに大声で、

「そりゃーその方がいい。すっとばして行ったら、駅がかわいそうだよ」

と言ったということです。

駅がかわいそう。ほんとうにそうだと思いながら、私も徐行している列車から、その小さな駅の存在をしみじみと見つめたのでした。

スピードはたしかに良いことです。

ぐずぐずしているより物事を手早く片付ければ気持ちも良いでしょう。

人を待たせるより、待たせないことの方が良いでしょう。

しかし昨今、あまりにもインスタント文化が発達したせいか、私たちは「時間をかけること」「時間のかかること」がまるで罪悪であるかのように思い始めていないでしょうか。

時間をかけることがもたらす幸せがある。

スピードが優先される世の中だからこそ、「時間のかかること」を避けてはいけない。

反面教師

出会いから自分が見える

これまでに私は、数え切れないほど多くの人々と出会いました。ご近所の方、親族、教師、クラスメート、上級生、下級生――その中には、好きになったり、好かれたりしたケースもあれば、私の胸をときめかせた相手もいなかったわけではありません。

それら出会いの一つひとつが今、尊く思えるのは、こういった「他」との出会いによって「私」という人間がどういう人間か、ということが次第に明らかになり、いわゆる私のアイデンティティーが形成されていったからなのです。

例えば、絶交に終わった出会いは、私の「好き、嫌い、許せること、許せないこと」をはっきりさせてくれましたし、長く続いたつき合いは、「私は、こういう人なら会話を楽しみ、生活を共にすることができそうだ」ということを教えてくれました。

私が抱いている価値観と全く違う価値基準で生きている人々との出会いは、それまで「これでいい」と安住していた自分の生き方を、あらためて見つめ直す機会を与えてくれました。

そして時には、他人の生き方が反面教師となって、「私は、あの人のようにはなりたくない」と、従来の自分の生き方、信条を、より明瞭、かつ確固たるものにしてくれたこともありました。

人生に無駄はないし、また、いかなる経験も無駄にしてはならないと私は思っています。どんな出会いにも無駄はなく、何かしら、そこから学ぶものがあるはずです。いろいろな人との出会いの中には、いやな思いをしたり、反発を感じたりするものもあれば、惑わされたり、感化されたりするものもあるものです。

しかしながら、それら数多い出会いがあっても、「自分」というものがしっかりしてさえいれば、流されることなく、むしろ、それらを通して、自分というものが鮮明になっていきます。私たちは「他」という鏡に映して、はじめて自分の姿が見えてくることがあるからなのです。

「他」という鏡に映すと見えてくる自分の姿がある。

どんな出会いにも無駄はなく、何かしらそこから学ぶものがある。

覚悟

死を眼前に置いて生きる

死は、確実にやって来ます。そしてそれは、ありがたいことでもあります。

なぜなら、もし私たちが死というピリオドを持たないとしたら、つまり時間が無限に与えられているとしたら、「生きているうちにしておかなければならない仕事」というものは、なくなってしまうではありませんか。

今日しようと明日しようと、日切りない生活の中では、すべてのものは等価値に置かれてしまうでしょう。

病《やまい》にたおれて、「一カ月の生命」と宣告された人がすごす一日の重みは、健康な人々が何気なく送っている一日と、比べものにならない重さを持つに違いありません。それは、「死」といういまわしいものが、人間に贈り得る一つのプレゼントと言ってもよいでしょう。矛盾のようですが、充実した生は、死を絶えず眼前に置く時、可能となるからです。

「死は盗人のように来る」――足音をしのばせて、全く思いがけない時にやって来ます。父の死もそうでした。その前の晩、「和子、いっしょに風呂に入らんか」と言う父に、「今日はお母様と入る」と答えて、後で何と悔やんだことでしょう。翌朝、それも五分ほどの間に、父は呼んでもかえらない人となっていたからです。

健康な時、危険にさらされていない時に、死を眼前に置いて生きるということは、決してやさしいことではないのです。

充実した生は、死を眼前に置く時可能となる。

死は必ずやって来ると、わかってはいても、全く思いがけない時にやって来ることを、忘れてしまう。

第5章
美しさとは何か

笑顔

人を美しくするもの

夕方、バスの停留所でバスの来るのを待つ間、見るともなしに向かい側の駅から出て来る人々を眺めていました。電車が着いたのか、一日の勤めを終えた人々を中心に改札口は大変な混みようです。

前の人の背中を押しながら怒ったような顔で出て来る人が多いのです。疲れ切った感じの人、家に帰ることしか考えていないような人、急ぎ足で無表情。

やがてバスが来ます。混む時刻です。吊革にぶら下がっていると前に座っている若い女の人が「持ちましょう」と言って荷物を取ってくださいました。

今まで何の変哲もなかったその人の顔に、一瞬美しいやさしさが宿りました。

「降ります」と声をかけると、身を引いて通路をあけてくださった中年の勤め人、当方の会釈に返してくださる笑顔が美しいのです。

先ほどまで気づかなかった美しさが、思いやりを通して生まれて来たかのようです。美しい人というのは、こういう小さい瞬間の積み重ねがつくってゆくのでしょう。

その証拠に、朝から機嫌が悪く、他人にあたり散らすことの多かった日、心に心配事があってイライラするような日が数日続いた後、鏡に映る自分の顔を見ると、これが自分かと驚くほど醜い、とげとげした顔がそこにあります。心と顔、生活態度と表情は決して無縁ではないのです。

小さな思いやりの積み重ねが、美しい人と世界をつくる。

疲れ切り、無表情だった人を、
思いやりの心が、一瞬でやさしく美しい笑顔に変える。

鏡

心は顔に表れる

イタリアはミラノ市に、サンタ・マリア・デル・グラチエと呼ばれる比較的小さい教会があって、ダ・ヴィンチの描いた「最後の晩餐《ばんさん》」の絵で有名です。

この絵を描くにあたってダ・ヴィンチは、まず絵の中央に位置するキリストの姿から着手したと言われます。その後、次々に十一人の弟子を描き終え、最後に食卓の端にいて、やがてキリストを裏切るユダを描くところまで描き進みました。

いつもの通り、モデルとなる男を求めて往来を物色するうちに、ユダのイメージにぴったりの人物を見つけました。

ダ・ヴィンチとしても頼みにくかったでしょう。それでも理由を話し、モデルを依頼すると、その男は急にハラハラと涙を流し、

「お見忘れですか。かくいう私は以前、同じあなたに頼まれて、キリストのモデルとなった者です。ここしばらく自分の生活が乱れ、人をだまし、裏切り、悪事を重ねて来ましたが、まさか今、ユダのモデルを頼まれるとは……」

と言って絶句したというのです。

話の真偽は別として、他人事《ひとごと》と思えないものがこのエピソードには含まれているようです。繰り返して言いますが、心と顔、生活態度と表情は決して無関係ではないのです。

心は顔に
生活態度は表情に
隠しようもなく表れる。

人は、イエスのモデルにも、ユダのモデルにもなれる。
すべては心がけしだい。

新鮮なギャップ

魅力のある人とは

会うごとに何か新しいものを感じさせる人、いつも一点に静止していないで、考え方、物の見方、受けとめ方等に柔軟性があり、ステレオタイプというか、決まりきった型にはまってしまっていない人――こういう人とは会っていても面白いし、会うことが楽しみになります。

また、社会的に非常に活躍している人が、その活動の背景に静かな祈りと沈黙の時間を持っていることを知った時、学識のほまれ高い人に深い謙遜《けんそん》を見出した時、一見幸福そのものの人が実は大きな苦しみに耐えて生きているのだと知った時――このような時に感じる「おどろき」は、私たちをして今まで、通り一遍に見ていた相手を見直させ、その人間的魅力に目を開かされることがあります。

老人に若々しさを、若い人に思いがけない成熟を見た時もそうです。一見らいらくに見える人が、実はこまやかな心づかいを持つ人であることに気づいた時、頼りなげな人が事に処するに毅然《きぜん》とした態度をとるのを見た時にも同じことが言えます。

これは、すでにつくり上げた自分のイメージ、または社会的な期待に安住してしまわないで、たえず個としてのユニークな自分の存在と生き方に忠実であろうとする人が持つ魅力といってもよいのかもしれません。

聖母マリアの美しさは、罪の汚れのないところにも由来するのでしょうが、それ以上にあの神の聖旨《せいし》への限りない従順と、「なれかし」と言い切る強さの間に横たわる緊張、すべてを「心におさめておいた」つつましさと、十字架の下に立ちつくした気丈さの間の緊張感がかもし出す美しさでもあったのです。

心惹かれる人は、
新鮮さや、
良い意味での「おどろき」を
会うたびに感じさせる人。

人間的魅力とは、イメージに安住せず、
たえず個として誠実に生きようとする姿に表れる。

美徳

言葉の心づかい

「あの人はいい人だけれども、酒呑みだ」と言うのと、「あの人は酒呑みだけれども、いい人だ」と言うのとでは、聞く側でその人に対して抱くイメージがずいぶん異なってくるものです。

だから、話の最後は、相手を否定する言葉ではなく、肯定する言葉で終わるものですよ、と、いつかどなたかから教えていただいたことがあります。

いや、言葉の並べ方には、それなりの意味があるのであって、勝手に変えてはいけないという人もいるでしょう。先にあげた例にしても、前者は、「だから気をつけなさい」と言おうとしているのであり、後者は、弁護に力点を置いた文である、と言われれば、確かにそうかもしれません。

しかしながら、私がそのような教えをありがたく思うのは、言葉一つにも、心づかいができるし、また必要だということを教えていただいたからです。

聖書の中で聖ヤコブという人は次のように述べています。

「言葉をふみはずさない人は、完全な人であって、全身にくつわをつけることのできる人である。われわれが馬を御すためにその口にくつわをはめれば、その全身を御する」

（ヤコブの手紙3の2-3）

「口は禍《わざわい》のもと」「沈黙は金」等、昔から口、言葉をつつしむことは美徳とされて来ました。言葉は人を傷つける道具ともなるけれど、その反面、その心づかいによっては多くの人に慰めと安らぎを与える媒体でもあるのです。

それなのに、私たちは何と不用意に、無駄に、そして、ぞんざいに言葉を使っていることでしょうか。

心づかいという言葉が表すように、それは決して美辞麗句《びじれいく》を並べることではなく、心の現れとしての言葉です。

相手を傷つけまい、居心地悪くさせまい、いやな思いをさせまいという心づかいであり、さらに、相手を明るい気持ちにさせ、力づけ、慰め、幸せな思いにさせてあげたいという心づかいの表現が、言葉を選ばせ、また言うべきか否《いな》かを教えてくれるのです。

言葉を、不用意に無駄に、ぞんざいに使ってはいけない。

言葉を人を傷つける道具にはせず、心づかいをもって、周囲の人に慰めと安らぎを与えるために使おう。

マナー

言葉を呑みこむ

言葉を口に出すまでは言葉の主人であり得るのに、一旦出した途端に、私たちは言葉の奴れいとなります。

取り返しのつかないことを言ってしまうということもあるでしょう。「覆水《ふくすい》盆にかえらず」「綸言汗《りんげん》のごとし」いずれも、元へ戻らないという諺です。

親子、夫婦、恋人、親友、どんな親しい間でも、決して言ってはならない言葉があるはずです。多分、それは、月日とともに癒やされ得ないほどに相手を深く傷つける言葉、相手の人格を否定するような言葉でしょう。

ひどい言葉を言われた覚えはいくつもあります。何と心ない言葉をと、びっくりしたこともあります。私は、あからさまに他人をののしる勇気を持ち合わせていません。だから、それのできる人に出会うと悲しくなるより、唖然《あぜん》としてしまうのです。

でも、私も、気づかずに、多くの人を傷つけているのかもしれません。特に自分が心理的に満たされていないような時に、言わずもがなの事を言い、他人が聞き苦しいこと、うっとうしく感じることを言っているのかもしれません。

言葉の心づかい――それは、やはり、自分の痛みを他人にはさせまいというやさしさであり、口にしてはならない言葉を呑みこんでしまう心の高貴さであり、意思の力ではないでしょうか。

相手への
やさしさがあれば、
言葉は
温かくなる。

口にしてはならない言葉は、
呑みこんでしまうことも、心づかいの一つ。

心の鎧《よろい》

二人の自分

「出会い」というと、とかく他人との出会いを考えがちですが、もう一つたいせつな出会いがあります。それは、自分自身との出会いです。

自分と〝素直に〟出会えた人のみが、他人ともまた、素直に出会うことができ、その出会いから多くを学ぶことができるのです。

人間は、「二人の自分」を持って生きています。一人は「ありのままの自分」で、風邪もひけば、お腹の空《す》くこともある自分、前夜よく寝ていなければ不機嫌にもなる自分――つまり、人間的なさまざまな弱さや欲求を持っている一個の有機体としての自分です。

これに対して、もう一人の自分は「自己概念」と呼ばれるもので、自分が自分に対して抱いているイメージ化された自分、他人にもそのように見てもらいたい自分の姿です。

実際の自分は疲れているのに、それを他人に見せまいと強がったり、たしかに自分が失敗したのに、それを認めようとせず、他人のせいにしたり、いろいろの言い訳をして、自分を〝無傷〟に見せようとすることがあります。

ありのままの自分は愛情に飢えているのに、他人の目には、そのような自分を見せたくなくて、「私は愛情など必要としない」と虚勢を張ることがあるのは、実は、そういう自己概念を持っているからに他なりません。

これらの例はいずれも、ありのままの自分を、そのまま素直に認めようとせず、ありもしない自分の姿を守り抜こうとしているのです。

このような「二人の自分」の間のギャップが大きければ大きいだけ、その人は、自分の見せかけのイメージを壊さないための防衛機制を強固なもの、分厚いものにしなければならなくなります。

そして、自分の正体を知ろうとする人を、勢い避けるようになりますから、他人との出会いも限られ、その交友関係は限られた、不自由なものになります。自分を鎧冑《よろいかぶと》で固めている限り、他人と真に出会うことは不可能なのです。

なぜ、このような防衛機制を張らないといけないのでしょうか。それは多分、「ありのままの自分」では愛されない、と思っているからです。

「若くなければ愛されない」と思い込んでいる人は、自分の真の年齢を隠すために厚化粧をするでしょうし、「着飾っていなければ愛されない」と思い込んでいる人は、いつも〝よそゆき〟の格好で人前に出るに違いありません。

素顔の自分をも恥じることなく、自分の年齢をそのまま受け入れて、そういう自分をいとおしく思うことができる。そして、普段着の自分で活発に動きまわり、誰とでも出会うことを恐れない。どのような自分も認めて、自分と〝素直に〟出会う時、人は自由になります。

※八木重吉が謳《うた》っています。

わたしの
かたわらにたち
わたしをみる
美しくみる

美化して見るのでなく、いとおしく、優しく見るのです。他の誰でもない、この世にたった一人の自分を、かけがえのないものと見つめてやるのです。

※八木重吉……詩人

自分と素直に出会える人が、他人とも素直に出会うことができ、出会いから多くを学ぶ。

他人の目によく見られようと、自分をつくろっている限り、出会いは限られ、交友は不自由なものになる。

人生

唯一無二の自分を生きる

大学生たちに死について短く書いてもらったことがあります。非常に多くの学生が「まだ考えていない」「考えたくない」「考えるのが恐ろしい」という答えを書いていました。私は九歳の時に弾丸の下をかいくぐり、父のむごい死をこの目で見てしまったせいか、死が怖いという感じはあまりありません。でも実際、死に直面したらやはり怖いと思うでしょうか。そういえば、いつか上空で飛行機が故障をアナウンスした時に、胸がキュッとしめつけられる思いをしたことがありました。

死は確実にやって来ます。どんなに平均寿命が延びても、それは死の時期を延ばしたことではあっても、死の訪れを撃退したことにはなりません。

人間は、あの手この手を使って、少しでも「死」を忘れようとし、遠ざけようとしているだけなのです。

「結婚なさらないで、お淋しいでしょう」と言われることがあります。

配偶者を人間の間に持たないことへの同情かと思っていたところ、実は、それだけではなくて、この言葉には自分が死んだ後に、なお生き続けてくれる子どもや孫がないことに対しての憐みが含まれていることを、ある時教えられました。

そして、ああ、人というのは、こんなにしてまでも「死」というものに打ち克《か》とうとしているのかと驚いたことがあります。

やはり、そういう願いが人の心にはあるのでしょうか。たしかにそうして、血はつながってゆくかもしれません。しかし「私」という唯一無二《ゆいいつむに》の人間は私限りであって、子や孫の中には伝わらないだろうし、また伝わらなくていいのではないでしょうか。

淋しいと思うこともあります。でもまた、一代限りと思えばこそ、どうしても自分らしく生きなければというはげみと、自分の足跡をつけるのは自分しかないという思いも深まるのです。

自分らしく生きる。その後に自分だけの足跡をつけながら。

人間は一代限り。それは淋しくもあるが、
自分らしく生きるはげみにもなる。

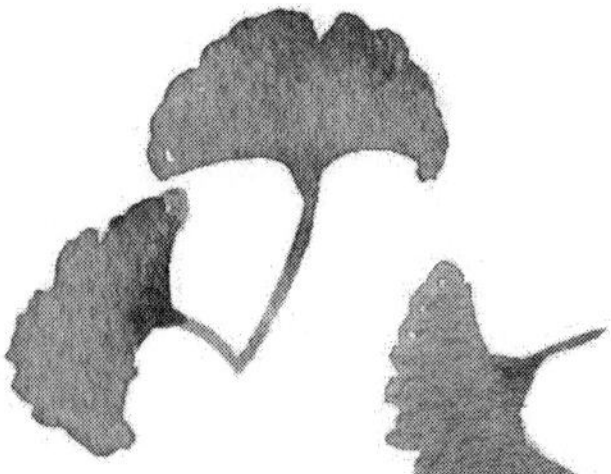

あとがきにかえて

大叔母・渡辺和子の最期の日々

森山ゆり

「叔母様が倒れて入院！　今、お医者様から連絡があって……」

二〇一六年十月二十五日、母からの突然の電話は、大叔母が倒れたというだけでなく、医学的にみてあと一週間か一カ月かもわからない状態だと告げるものでした。

私の母は、渡辺和子の姪《めい》にあたりますが、大叔母とは七歳しか違わず、一軒おいて隣で、いとこのような関係で育ちました。大叔母の最晩年は、頻繁《ひんぱん》に近況を連絡し合うようになり、親族の中では母だけが大叔母の病気についても聞いていました。

大叔母には、二〇一四年二月にすい臓がん、二〇一五年十月に肺への転移が見つかっていましたが、本人の希望で手術も延命治療も一切せず、倒れる直前まで大学の授業や地方への講演もこなしておりました。

「よくこんな状態まで仕事を……」とお医者様に言われるような限界状態での入院でした。もちろん秘書の方以外、仕事や授業で出会うどなたもが大叔母の病気のことは知りませんでした。

東京の母は、たまたま膝を痛めていて動きが取れず、私が岡山に見舞いに通うこととなり、はからずも大叔母の最期に深く関わることになりました。

限られた家族に尽くす人生より、神様と多くの人に尽くす公《おおやけ》の人生を選び、三十歳を前にして、修道女として聖なる世界に行ってしまった大叔母です。年下の私にとっては、親族だからといって気安く近づいてはいけない存在でした。

しかし、この見舞いの時だけは、家族ならではの飾ることないおしゃべりを楽しみ、大叔母の人生の思い出の数々をたっぷりと聞かせてもらえました。私にとっては、血縁だからこそ許された最初で最後の大叔母との宝物のような時間となりました。

また、使命一筋で休むことない人生を歩んできた大叔母にとっても、死を直前にしての入院は、初めて頂けた束《つか》の間《ま》の休息だったかもしれません。病院で体のケアをして頂きながら、一人で考える時間を得て、現実に自分の死に向き合って、人生の最後に向かう気持ちの整理や覚悟を整えることができたのではないかと思います。

大叔母は自分の死については多くを語りませんでしたが、入院中に、

「逝《い》くべき時は逝く。それが私の生き方。延命は要らない。あくまで現場で最期を終えたい。シスターのあるべき姿として、誰かに必要とされていたらそこへ行く。いつどこで召し上げて下さっても良い。それまでの間、できるだけ学生や先生に柔らかく優しく接していきたい。人が困っている時、ニコッと微笑《ほほえ》んで『大丈夫？　できることあったら言ってね』と。それが、八十九歳まで生かしてくださった方へのご恩返しです」

と言っておりました。

「生涯現役」をモットーに、「もし学生の前で逝くならそれこそ本望です」とまで言っておりましたが、現実には病院から間もなくあの世に旅立つのだろうと誰もが思っていたのです。

ところが、入院二週間で酸素吸入も点滴も要らなくなり、痛み止めのモルヒネも必要なくなり、あれよあれよと奇跡の復活が始まりました。食事も摂《と》れるようになり、病室で仕事も始め、歩けるようにもなり、入院一カ月後には再びスイッチが入ったかの如く、やる気も甦《よみがえ》ってきました。

「私は修道院に戻るべきなのです。修道院が私の帰る場所です」との確固たる思いを表明し、二カ月弱の入院後半は、二、三日に一度病院から学園に仕事に通い始め、時には修道院に外泊を許されるまでになっていきました。

そしてついに十二月十九日、見事退院できることとなりました。その日から仕事をフルに再開し、二十三日の学園のクリスマスミサでは、堂々と立ってマイクを握り、「命を大切にするということを心に銘じて、これからの生活も生きていくことができますように」との祈願を捧げました。

引き続き二十六日までは学園理事長としての仕事をこなしていましたが、体調が急変。神様からのミッションをすべて果たしたかの如く、十二月三十日に修道院にて天に召されて行きました。クリスマスミサで大叔母の姿をご覧になった参列者の皆様は、そのわずか一週間後の訃報《ふほう》に「まさか！」と絶句されたそうです。

信仰に生き、教育に身を捧げ、多くの人への心の糧《かて》を残した大叔母は、若き日に立てた修道女としての終生誓願を、このような死によって成就《じょうじゅ》致しました。

大叔母は、肉体の美しさより、自分との闘いによって心を美しくする大切さを語りました。また、環境や人に左右されず、苦しみや不幸に意味を見出し、自分の心の持ちようによって幸せを創り出していける力強い人間像を語りました。死によって肉体は確実に無くなりますが、大叔母が人生途上の様々な経験を通して紡ぎ出したこれらの智慧《ちえ》は、大叔母の言葉とともに多くの方々の心の中に生き続けることができるものと思います。

数少ない遺品の中には、単行本に未収録の原稿がございましたので、このたび、その一部とこれまでの著書で手に入らないものから幾つかを選び、新しい一冊を編んで頂きました。

また、大叔母にとって、九歳で別れた大好きな父親は、一生涯の心の支えであったかと思われます。その父親についても〈註記〉にて紹介して頂けることとなりました。

本書の中で大叔母との再会を楽しんで頂けましたら幸いです。最後にこの場をお借りして、大叔母が人生途上でお世話になりましたすべての方々に、心からの感謝を申し上げます。

二〇一八年二月

〈注記〉

渡邉錠太郎《わたなべじょうたろう》氏について

著者・渡辺和子の父・渡邉錠太郎は、苦学を重ねて陸軍三長官のポストの一つである教育総監にまで上り詰めた努力の人でした。

一八七四（明治七）年四月十六日に愛知県東春日井《かすがい》郡小牧《こまき》村に生まれ、のちに丹羽《にわ》郡岩倉《いわくら》町の伯父・渡邉庄兵衛（実母の兄）の養嗣子《ようしし》となり、跡取《あとと》りのいなかった渡邉家を継ぎます。生家も養家も貧しい商家と農家でした。そのため、小学校は家業を手伝いながら通い、中学に進むことは許されませんでした。

しかし、頭脳明晰《めいせき》な錠太郎は、友人から借りた中学校の教科書で勉強を重ね、不遇を一切かこつことなく、行商や畑仕事の合間に独学で習得してしまいます。これには周囲の人々も驚きました。

その後二十歳で、陸軍士官学校に上位の成績で合格します。士官学校に入れば官費で勉強することができました。さらに、当時最難関ともいわれた陸軍大学校に進み、見事トップの成績で卒業。その際、恩賜《おんし》の軍刀を授かりました。

卒業の翌年、一九〇四（明治三十七）年に、野田すゞと結婚し、錠太郎は家庭をもちますが、新婚生活を楽しむ間もなく、その年の二月に勃発した日露戦争に、同年七月から従軍しました。

陸軍軍人としておおいに実力を高めたのは、伊藤博文とならぶ明治の元勲で、陸軍に絶大な影響力をもつ山縣有朋《やまがたありとも》元帥の業務を補佐する副官を務めたことがきっかけでした。山縣元帥が部下に要求するレベルは非常に高く、それに応えるため、錠太郎は猛勉強に猛勉強を重ねたのです。

やがて、たいへんな博識となった錠太郎は、陸軍で「文学博士」とか「学者将軍」とまで呼ばれるようになりました。その読書量はすさまじく、月給の半分は（書店の）丸善への支払いに充《あ》てられていたほどでした。

錠太郎は軍務を終えて帰宅し、和服に着替えると、末っ子の和子を胡坐《あぐら》の上に座らせて『論語』をよく一緒に読んだそうです。そして、それを易しい言葉に置き換えて意味を教えていました。読書家の錠太郎らしいエピソードであり、これが和子の人格形成の基礎となったのは間違いないでしょう。

錠太郎の軍歴に話を戻すと、一九〇七（明治四十）年から三年間、陸軍大学校の優等卒業生として軍事研究のためにドイツに留学し、帰国前にはドイツ大使館附武官補佐官を務めました。日本に戻って再び山縣元帥の副官を務めたのち、一九一七（大正六）年にオランダに派遣され、オランダ公使館附武官として勤務します。

折しも第一次世界大戦の戦火がヨーロッパ全土に拡大していた時期であり、鈼太郎はドイツの戦況について調査・報告する任務を与えられていました。やがて大戦終結後、敗《やぶ》れたドイツの惨状を目《ま》の当たりにして、戦争の悲惨さを痛感したといいます。

また敗戦国だけでなく、戦勝国すらも疲弊《ひへい》しているのを見て、鈼太郎の考えは「非戦論」に傾いていきました。近代兵器を使った複数の大国同士の戦争は、想像を絶する傷痕を残すことがわかったからです。

鈼太郎は常々こう話していました。

「戦争は勝っても負けても国が疲弊する。だから戦争はやってはいけない。だからこそ、戦争を抑止するための強い軍隊であらねばならない」

その後、鈼太郎は、陸軍大学校長、第七師団長（旭川）、陸軍航空本部長、台湾軍司令官などの要職を経て陸軍大将となり、前述の陸軍教育総監に就任しました。ただし、陸軍大学校長はわずか十カ月しか務めておらず、その後第七師団長に任命されたのは、非戦論を唱える錠太郎を快く思わない勢力による左遷だったともいわれています。

こうした錠太郎の考えに加え、いわゆる皇道派がよりどころにしていた陸軍大将の真崎甚三郎《まさきじんざぶろう》が更迭《こうてつ》された後釜として、教育総監に就任しました。そのため皇道派にしてみれば、錠太郎は「面白くない存在」だったといえます。

そのような経緯から、最晩年の錠太郎は、「結局、俺が邪魔なんだよ」と、妻のすゞに漏らしていたそうです。

やがて時代は風雲急を告げ、皇道派の影響を受けた青年将校らによる「二・二六事件」が勃発。皇道派に敵視されていた錠太郎は、反乱兵の襲撃を受け、和子の目の前で四十三発もの銃弾を撃ち込まれて亡くなったのです。錠太郎の最期をみとったのは、わずか九歳の和子ただ一人でした。
鋌太郎は人格徳望の軍人として未だに故郷では顕彰され続けています。この大好きだった父・鋌太郎からたっぷり受けた愛情は、たった九年だったとしても、その後の長い人生において、様々な場面で和子の心の支えとなったに違いありません。
天に召された今、親娘《おやこ》は再会し満面の笑みで語り合っていることでしょう。

（監修：岩村貴文）

註記・参考資料　『郷土の偉人　渡邉鋌太郎（増補版）』岩倉渡邉大将顕彰会
『渡邉鋌太郎』岩倉渡邉大将顕彰会

【出典一覧】

「ノートルダム清心女子大学同窓会報」
「ノートルダム清心女子短期大学同窓会報」
「心のともしび」
「すなお」（ＰＨＰ友の会情報誌）
※『愛をつかむ』（ＰＨＰ研究所）
※『信じる「愛」を持っていますか』（ＰＨＰ研究所）
※『すてきな出会い』（ＰＨＰ研究所）

※は現在品切れ重版未定となっています。

〈著者紹介〉

渡辺和子（わたなべ　かずこ）

1927年２月、教育総監・渡邊錠太郎の次女として生まれる。51年、聖心女子大学を経て、54年、上智大学大学院修士課程修了。56年、ノートルダム修道女会に入り、アメリカに派遣されてボストン・カレッジ大学院にて博士号（教育哲学）取得。ノートルダム清心女子大学（岡山）教授を経て、同大学学長、ノートルダム清心学園理事長を務める。また、その間９年ほど、日本カトリック学校連合会理事長も務める。

1974年、岡山県文化賞（学術部門）、79年、山陽新聞賞（教育功労）、岡山県社会福祉協議会より済世賞、86年、ソロプチミスト日本財団より千嘉代子賞、89年、三木記念賞受賞。2016年、春の叙勲で旭日中綬章を受章。

2016年12月30日逝去。

著書に、『置かれた場所で咲きなさい』『面倒だから、しよう』（以上、幻冬舎）、『現代の忘れもの』（日本看護協会出版会）、『美しい人に』『目に見えないけれど大切なもの』『マザー・テレサ 愛と祈りのことば〈翻訳〉』『幸せはあなたの心が決める』『どんな時でも人は笑顔になれる』『［日めくり］渡辺和子 ほんとうに大切なこと』（以上、ＰＨＰ研究所）ほか多数がある。

あなたはそのままで愛されている

2018年３月30日　第１版第１刷発行

著　　者　渡辺和子
発 行 者　後藤淳一
発 行 所　株式会社ＰＨＰ研究所
京都本部　〒601-8411　京都市南区西九条北ノ内町11
第三制作部人生教養課　☎075-681-5514（編集）
東京本部　〒135-8137　江東区豊洲5-6-52
普及部　☎03-3520-9630（販売）
PHP INTERFACE　https://www.php.co.jp/

制作協力
組　　版　株式会社ＰＨＰエディターズ・グループ
印 刷 所　図書印刷株式会社
製 本 所　東京美術紙工協業組合

ISBN978-4-569-83895-3

NDC159 <143>P 18cm